团 体 标 准

港珠澳大桥施工技术指南
第八分册:混凝土桥面铺装工程

Technical Guideline for Construction of Hong Kong-Zhuhai-Macao Bridge
Division Ⅷ:Concrete Bridge Deck
Pavement Engineering

T/CHTS 10019—2019

主编单位:港珠澳大桥管理局
　　　　　重庆市智翔铺道技术工
发布单位:中国公路学会
实施日期:2019 年 10 月 31 日

图书在版编目(CIP)数据

港珠澳大桥施工技术指南. 第八分册,混凝土桥面铺装工程:T/CHTS 10019—2019 / 港珠澳大桥管理局,重庆市智翔铺道技术工程有限公司主编. — 北京:人民交通出版社股份有限公司,2019.11
ISBN 978-7-114-15924-4

Ⅰ. ①港… Ⅱ. ①港…②重… Ⅲ. ①跨海峡桥—桥梁工程—工程施工—中国—指南②混凝土结构—桥面铺装—技术规范—中国—指南 Ⅳ. ①U448.19-62 ②U448.33-65

中国版本图书馆 CIP 数据核字(2019)第 234905 号

标准类型:团体标准

Gang-Zhu-Ao Daqiao Shigong Jishu Zhinan　Di-Ba Fence:Hunningtu Qiaomian Puzhuang Gongcheng

标准名称:	港珠澳大桥施工技术指南　第八分册:混凝土桥面铺装工程
标准编号:	T/CHTS 10019—2019
主编单位:	港珠澳大桥管理局
	重庆市智翔铺道技术工程有限公司
责任编辑:	韩亚楠
责任校对:	赵媛媛
责任印制:	张　凯
出版发行:	人民交通出版社股份有限公司
地　　址:	(100011)北京市朝阳区安定门外外馆斜街 3 号
网　　址:	http://www.ccpress.com.cn
销售电话:	(010)59757973
总 经 销:	人民交通出版社股份有限公司发行部
经　　销:	各地新华书店
印　　刷:	北京市密东印刷有限公司
开　　本:	880×1230　1/16
印　　张:	2.5
字　　数:	55 千
版　　次:	2019 年 11 月　第 1 版
印　　次:	2019 年 11 月　第 1 次印刷
书　　号:	ISBN 978-7-114-15924-4
定　　价:	220.00 元

(有印刷、装订质量问题的图书由本公司负责调换)

中国公路学会文件

公学字〔2019〕132号

中国公路学会关于发布《港珠澳大桥施工技术指南 第八分册:混凝土桥面铺装工程》的公告

现发布中国公路学会标准《港珠澳大桥施工技术指南 第八分册:混凝土桥面铺装工程》(T/CHTS 10019—2019),自2019年10月31日起实施。

《港珠澳大桥施工技术指南 第八分册:混凝土桥面铺装工程》(T/CHTS 10019—2019)的版权和解释权归中国公路学会所有,并委托主编单位港珠澳大桥管理局、重庆市智翔铺道技术工程有限公司负责日常解释和管理工作。

中国公路学会

2019年10月28日

前　言

本指南是在总结港珠澳大桥混凝土桥面铺装研究及设计成果、施工经验的基础上编制而成。

本指南按照《中国公路学会标准编写规则》(T/CHTS 10001)的要求编制而成。本指南共分7章、1个附录，主要内容包括：总则、术语和符号、材料、沥青混合料、设备、桥面铺装施工、施工质量控制等。

本指南实施过程中，请将发现的问题和对指南的意见、建议反馈至港珠澳大桥管理局（地址：珠海市香洲区横龙路368号；邮编：519000；联系电话：18998161038；电子邮箱：lhy@hzmbo.com），供修订时参考。

本指南由港珠澳大桥管理局提出，受中国公路学会委托，由港珠澳大桥管理局负责具体解释工作。

主编单位：港珠澳大桥管理局、重庆市智翔铺道技术工程有限公司

参编单位：保利长大公路工程有限公司、西安方舟工程咨询有限责任公司

主要起草人：张劲文、王民、张育才、朱定、王滔、张顺先、李书亮、李林波、李江、徐永钢、张锋、邢乔山、梅甲春、王慧斌、周家强、鲁华英、肖丽、许彦峰、高星林、尚飞、余孔波、方磊、田睿

主要审查人：周海涛、李彦武、赵君黎、侯金龙、张少锦、钟建驰、钱振东、章登精、秦大航、李国芬

T/CHTS 10019—2019

目　次

1 总则 ··· 1
2 术语和符号 ·· 2
　2.1 术语 ·· 2
　2.2 符号 ·· 2
3 材料 ··· 3
　3.1 防水层材料 ·· 3
　3.2 黏结层材料 ·· 4
　3.3 黏层材料 ··· 4
　3.4 沥青结合料 ·· 5
　3.5 集料 ·· 6
　3.6 矿粉 ·· 7
　3.7 其他材料 ··· 7
4 沥青混合料 ·· 9
　4.1 浇注式沥青混合料 ··· 9
　4.2 改性沥青 SMA ··· 9
5 设备 ··· 11
　5.1 一般规定 ··· 11
　5.2 抛丸设备 ··· 11
　5.3 防水层碎石撒布设备 ·· 11
　5.4 集料加工设备 ··· 11
　5.5 沥青混合料拌和生产设备 ·· 12
　5.6 GA 运输和摊铺设备 ··· 13
　5.7 GA 边带摊铺设备 ·· 13
　5.8 SMA 摊铺与碾压设备 ·· 13
6 桥面铺装施工 ··· 14
　6.1 一般规定 ··· 14
　6.2 施工准备 ··· 14
　6.3 试验段 ·· 15
　6.4 首次铺装段 ·· 16
　6.5 桥面板抛丸处理 ·· 16
　6.6 防水层施工 ·· 16
　6.7 黏结层施工 ·· 17
　6.8 保护层施工 ·· 17
　6.9 黏层施工 ··· 18
　6.10 磨耗层施工 ·· 19
　6.11 路缘防排水处理 ·· 19
7 施工质量控制 ··· 21

7.1 一般规定 ………………………………………………………………………………………… 21
7.2 材料质量控制 …………………………………………………………………………………… 21
7.3 施工质量控制 …………………………………………………………………………………… 23
附录 A 改性沥青 SMA 压实度无核密度仪检测方法 ………………………………………………… 26
用词说明 ……………………………………………………………………………………………… 29

港珠澳大桥施工技术指南
第八分册：混凝土桥面铺装工程

1 总则

1.0.1 为规范和指导公路桥梁混凝土桥面铺装工程施工，保障工程质量，制定本指南。

条文说明：港珠澳大桥主体工程桥梁全长约22.9km，桥面铺装总面积约72.0万 m²，其中混凝土桥面铺装约19.7万 m²，具有规模大、施工条件复杂、技术要求高等特点。为了保证工程的顺利实施，建设单位组织行业内相关单位，制订了港珠澳大桥专用技术文件，并在实践中不断总结完善，形成了桥面铺装设计、施工、验收、运维等系列指导文件，为本指南编制奠定了基础。

1.0.2 本指南适用于采用浇注式沥青混合料＋改性沥青SMA铺装结构的公路桥梁混凝土桥面铺装工程。

条文说明：港珠澳大桥混凝土桥面铺装采用了环氧树脂防水层＋溶剂型黏结剂黏结层＋35mm厚浇注式沥青混合料保护层＋改性乳化沥青黏层＋45mm厚改性沥青SMA13磨耗层的铺装结构，具体铺装结构参数见图1.0.2。

磨耗层	改性沥青SMA13，厚度45mm
黏层	改性乳化沥青，用量0.3~0.5kg/m²
保护层	撒布粒径为10~15mm的预裹碎石，用量7~11kg/m²
	浇注式沥青混合料GA10，厚度35mm
黏结层	溶剂型黏结剂，用量0.2~0.4kg/m²
防水层	0.6~2.36mm碎石，撒布量0.3~0.8kg/m²
	环氧树脂，用量0.6~0.8kg/m²
混凝土板	抛丸处理，形成干燥、清洁、粗糙的界面

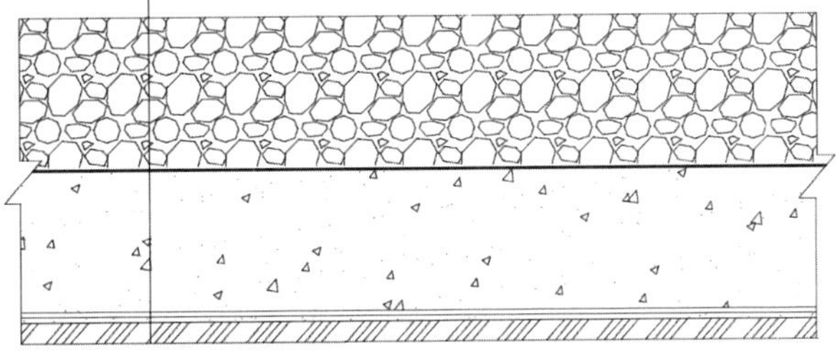

图1.0.2 港珠澳大桥混凝土桥面铺装结构

1.0.3 除应符合本指南的要求外，尚应符合有关法律、法规及国家、行业现行有关标准的规定。

2 术语和符号

2.1 术语

2.1.1 防水层 waterproof layer

用于桥面板与黏结层之间，阻止水分渗透，并有一定黏结作用的功能层。

2.1.2 黏结层 bonding layer

用于防水层与保护层之间，具有良好界面黏结作用的功能层。

2.1.3 浇注式沥青混合料 gussasphalt

由集料、矿粉和沥青结合料组成，在拌和机内一次性高温拌和生成，具有一定流动性、无须碾压、空隙率接近于0%的沥青混合料。

2.1.4 首次铺装段 first paving section

按试验段确定的工艺参数和施工流程，在实桥上实施的第一个完整铺装段落，以形成标准化施工作业指导书。

2.2 符号

TLA——特立尼达湖沥青，Trinidad Lake Asphalt 之略语。

GA——浇注式沥青混合料，Gussasphalt 之略语。

HSE——健康、安全和环境管理体系，Health，Safety and Environment 之略语。

3 材料

3.1 防水层材料

3.1.1 防水层用环氧树脂性能应符合表3.1.1-1的规定。环氧树脂表面应撒布0.6~2.36mm的玄武岩或辉绿岩碎石,碎石性能应符合表3.1.1-2的规定。

表3.1.1-1 环氧树脂技术要求

试验项目		单位	技术要求	试验方法
黏度(25℃)		s	≤180	GB/T 22314—2008
易挥发性成分		%	≤3	GB/T 16777—2008
表干时间(23℃)		h	≤4	GB/T 16777—2008
实干时间(23℃)		h	≤24	GB/T 16777—2008
拉伸强度(23℃)		MPa	≥3.0	GB/T 528—2009
断裂延伸率(23℃)		%	≥15	GB/T 528—2009
硬度(Shore D)			≥55	GB/T 531.1—2008
热负荷试验	外观特征	—	无斑点、无气泡、无裂缝粉化现象	目测
热负荷试验	质量损失	%	≤4.0	GB/T 16777—2008
热负荷试验	拉伸强度(23℃)	MPa	≥3.0	GB/T 528—2009
热负荷试验	断裂延伸率(25℃)	%	≥10	GB/T 528—2009
黏结强度(与水泥混凝土,25℃)		MPa	≥3.0	JC/T 975—2005

表3.1.1-2 0.6~2.36mm碎石技术要求

试验项目		单位	技术要求	试验方法
含水率		%	≤0.3	T 0305
含泥量(<0.075mm颗粒含量)		%	≤1	T 0333
表观相对密度		—	≥2.50	T 0328
坚固性(>0.3mm部分)		%	≤12	T 0340
砂当量		%	≥65	T 0334
通过率	2.36mm	%	≥90	T 0327
通过率	0.6mm	%	≤10	T 0327

条文说明:为优化适用于GA施工工艺特点的混凝土桥面防水层,经过三阶段32种方案的多次对比试验论证,提出了环氧树脂+撒布碎石+溶剂型黏结剂的方案。

环氧树脂作为防水层,主要目的是封闭混凝土桥面板的微裂缝及微孔隙,隔断混凝土内部水汽迁移通道,降低GA鼓包发生概率。环氧树脂表面撒布的碎石应清洁、干燥、无杂质。港珠澳大桥混凝土桥面防水层中0.6~2.36mm碎石的用量宜为0.5~0.7kg/m²,碎石用量以90%覆盖率为控制标准。

3.2 黏结层材料

3.2.1 黏结层用溶剂型黏结剂性能应符合表 3.2.1 的规定。

表 3.2.1 溶剂型黏结剂技术要求

试验项目		单位	技术要求	试验方法
固体含量		%	≥45	GB/T 16777—2008
表干时间(23℃)		h	≤2.0	
实干时间(23℃)		h	≤4.0	
低温柔性(−10℃)		—	无裂纹、断裂	
不透水性(0.3MPa,30min)		—	不透水	
拉伸强度(23℃)		MPa	≥1.0	
耐腐蚀性(碱处理)	拉伸强度(23℃)	MPa	≥1.0	
	断裂伸长率(23℃)	%	≥200	
	低温柔性(−5℃,φ20mm 圆筒)	—	无裂纹、断裂	
耐腐蚀性(盐处理)	拉伸强度(23℃)	MPa	≥1.0	
	断裂伸长率(23℃)	%	≥200	
	低温柔性(−5℃,φ20mm 圆筒)	—	无裂纹、断裂	
热老化	拉伸强度(23℃)	MPa	≥1.0	JC/T 983—2015
	断裂伸长率(23℃)	%	≥150	
甲苯、二甲苯、乙苯含量总和		%	≤1.0	GB 18581—2009
黏结强度(与基面,25℃)		MPa	≥1.5	GB/T 16777—2008 7.1(A)
黏结强度(组合结构,25℃)		MPa	≥1.2	JC/T 983—2015
剪切强度(组合结构,25℃)		MPa	≥2.0	

3.3 黏层材料

3.3.1 黏层用改性乳化沥青性能应符合表 3.3.1 的规定。

表 3.3.1 改性乳化沥青技术要求

试验项目		单位	技术要求	试验方法
1.18mm 筛上剩余量		%	≤0.1	T 0652
储存稳定性(5d)		%	≤5	T 0655
沥青标准黏度 $C_{25,3}$		s	8~25	T 0621
蒸发残留物含量		%	≥55	T 0651
蒸发残留物性质	针入度(25℃)	0.1mm	40~100	T 0604
	延度(5℃)	cm	≥20	T 0605
	软化点(环球法)	℃	≥55	T 0606

3.4 沥青结合料

3.4.1 SMA 用改性沥青性能应符合表 3.4.1 的规定。

表 3.4.1 改性沥青技术要求

项 目		单位	技术要求	试验方法
针入度(25℃)		0.1mm	40～60	T 0604
软化点(环球法)		℃	≥85	T 0606
延度(5℃)		cm	≥25	T 0605
溶解度(三氯乙烯)		%	≥99	T 0607
弹性恢复率(25℃)		%	≥85	T 0662
储存稳定性离析,48h 软化点差		℃	≤2.5	T 0661
运动黏度 135℃		Pa·s	≤3.0	T 0625
TFOT(或 RTFOT)后残留物	质量变化	%	−1.0～+1.0	T 0610 或 T 0609
	针入度比(25℃)	%	≥65	
	延度(5℃)	cm	≥15	

3.4.2 GA 用混合沥青由改性沥青和 TLA 混合组成,改性沥青性能应符合表 3.4.1 的规定,TLA 性能应符合表 3.4.2-1 的规定,混合沥青性能应符合表 3.4.2-2 的规定。

表 3.4.2-1 TLA 技术要求

试验项目	单位	技术要求	试验方法
针入度(25℃)	0.1mm	0～5	T 0601
软化点(环球法)	℃	≥90	T 0606
灰分含量	%	33～38	T 0614
密度(25℃)	g/cm³	1.3～1.5	T 0603

表 3.4.2-2 GA 用混合沥青技术要求

试验项目		单位	技术要求	试验方法
针入度(25℃)		0.1mm	10～30	T 0604
软化点(环球法)		℃	≥85	T 0606
延度(10℃)		cm	≥20	T 0605
运动黏度 135℃		Pa·s	≤3.0	T 0625
弹性恢复率(25℃)		%	≥75	T 0662
闪点		℃	≥280	T 0611
TFOT(或 RTFOT)后残留物	质量变化	%	−1.0～+1.0	T 0610 或 T 0609
	针入度比(25℃)	%	≥70	
	延度(10℃)	cm	≥10	

条文说明：港珠澳大桥参考我国钢桥面铺装研究成果及实践经验，混凝土桥面铺装 GA 采用 SBS 改性沥青与 TLA 的混合沥青作为结合料，其中 TLA 用量占混合沥青的质量百分比为 20%。

3.5 集料

3.5.1 粗集料应为坚硬、清洁、干燥、无风化、无杂质、颗粒形状接近立方体、多棱角体的碎石，宜采用玄武岩、辉绿岩等耐磨、抗压、基性的岩石轧制而成。

3.5.2 粗集料的规格应符合现行《公路沥青路面施工技术规范》(JTG F40)中 S14(3～5mm)、S12(5～10mm)、S10(10～15mm)的有关规定，其性能应满足表 3.5.2 的要求。

表 3.5.2 粗集料技术要求

项　　目		单位	技术要求		试验方法
			SMA	GA	
压碎值	常温	%	≤18	≤18	T 0316
	240℃保温60min	%	—	≤24	
洛杉矶磨耗值		%	≤20	≤22	T 0317
磨光值		%	≥44	—	T 0321
表观相对密度		—	≥2.60	≥2.60	T 0304
吸水率		%	≤2.0	≤2.0	T 0304
坚固性		%	≤12	≤12	T 0314
黏附性		级	≥5	≥4	T 0616
针片状颗粒含量（混合料）		%	≤8	≤8	T 0312
其中粒径大于9.5mm		%	≤5		
其中粒径小于9.5mm		%	≤10		
小于0.075mm颗粒含量（水洗法）		%	≤1	≤1	T 0310
软石含量		%	≤1.0	≤2.0	T 0320

3.5.3 细集料宜采用石灰岩轧制而成的机制砂或分级筛分的石屑，不应采用天然砂。细集料应具有一定的棱角性，且坚硬、洁净、干燥、无风化、无杂质或其他有害物质。

3.5.4 细集料的规格应符合现行《公路沥青路面施工技术规范》(JTG F40)中 S16(0～3mm)的有关规定，其性能应满足表 3.5.4 的要求。

表 3.5.4 细集料技术要求

试验项目	单位	技术要求	试验方法
表观相对密度	—	≥2.50	T 0328
坚固性（>0.3mm部分）	%	≤12	T 0340
砂当量	%	≥75	T 0334
亚甲蓝值	g/kg	≤2.5	T 0349
棱角性（流动时间）	s	≥30	T 0345

3.5.5 GA表面用预裹碎石应采用坚硬、耐磨的岩石轧制而成,碎石应洁净、无杂质,其性能应符合表3.5.5的规定。碎石宜采用改性沥青预裹,改性沥青性能应符合表3.4.1的规定,改性沥青用量宜为0.3%~0.5%。

表3.5.5 预裹碎石技术要求

试验项目		单位	技术要求	试验方法
吸水率		%	≤2.0	T 0352
含水率		%	≤0.3	T 0305
含泥量		%	≤1	T 0333
针片状颗粒含量		%	≤8	T 0312
通过率	9.5mm	%	≤10	T 0327
	13.2mm	%	≥80	

3.6 矿粉

3.6.1 矿粉应采用洁净、无杂质的石灰岩磨制,其性能应符合表3.6.1的规定。

表3.6.1 矿粉技术要求

试验项目		单位	技术要求	试验方法
表观密度		g/cm³	≥2.50	T 0352
含水率		%	≤1	T 0103
通过率	0.6mm	%	100	T 0351
	0.15mm	%	95~100	
	0.075mm	%	85~95	
外观		—	无团粒结块	目视
亲水系数		—	<1	T 0353
塑性指数		—	<4	T 0354

条文说明:矿粉在GA中含量高于20%,其规格对GA性能影响较大,因此规定用于GA的矿粉0.075mm筛孔通过率应为85%~95%,更有利于保障混合料的生产质量稳定性。

3.6.2 不应将沥青混合料拌和机的回收粉作为沥青混合料矿粉使用。

3.7 其他材料

3.7.1 SMA用纤维稳定剂宜采用木质素纤维,木质素纤维性能应符合现行《沥青路面用木质素纤维》(JT/T 533)的有关规定。

3.7.2 混凝土桥面铺装埋设的螺旋排水管宜由不锈钢金属材质制成,应具有弹性,外径宜为10~12mm。

条文说明:运营期间沥青铺装层以及与路缘构造物之间存在水分下渗,残留在层间的水可以通过螺旋排水管引入泄水槽。综合考虑层间水量有限及安装可行性,建议选用外径为10~12mm的螺旋排水管为宜。港珠澳大桥混凝土桥面铺装埋置的螺旋排水管为不锈钢金属材质,技术性能见表3.7.2。

表3.7.2 不锈钢金属材质螺旋排水管技术要求

试验项目	单位	技术要求	试验方法
钢丝直径	mm	1.50～1.99	游标卡尺
弹簧外径	mm	10.0±1.0	游标卡尺
旋向	—	右	目测
自由长度	m	4 600±50	卷尺或皮尺

3.7.3 沥青贴缝条性能应符合表3.7.3的规定。

表3.7.3 沥青贴缝条技术要求

试验项目	单位	技术要求	试验方法
软化点(环球法)	℃	≥90	T 0606
弹性恢复率(25℃)	%	≥10	T 0662
低温柔度(-15℃,30min,R=15mm)	—	无裂纹	GB 18243—2008
厚度	mm	4～6	

3.7.4 磨耗层与路缘结合部位的碎石填充料应满足SMA用集料S10(3～5mm)的技术要求,填缝料性能除应符合现行《路面加热型密封胶》(JT/T 740)的有关规定以外,尚应满足表3.7.4的要求。

表3.7.4 填缝料技术要求

试验项目	单位	技术要求	试验方法
锥入度(25℃)	0.1mm	<50	JT/T 740—2015
软化点(环球法)	℃	≥90	JT/T 740—2015
流动值(60℃,5h)	mm	≤3	JT/T 740—2015
弹性恢复率(25℃)	%	30～70	JT/T 740—2015
低温拉伸(0℃,25%拉伸量,3次循环)	—	通过	JT/T 740—2015

4 沥青混合料

4.1 浇注式沥青混合料

4.1.1 GA10配合比设计应按现行《公路钢桥面铺装设计与施工技术规范》(JTG/T 3364-02)附录H进行,级配范围应符合表4.1.1的规定。

表 4.1.1 GA10 级 配 范 围

级配类型	通过下列筛孔(mm)的质量百分率(%)								
	13.2	9.5	4.75	2.36	1.18	0.6	0.3	0.15	0.075
GA10	100	80～100	63～80	48～63	38～52	32～46	27～40	24～36	20～30

4.1.2 GA10性能应符合表4.1.2的规定。实验室拌制时,刘埃尔流动性宜控制在10～30s,现场刘埃尔流动性以满足施工和易性为准。

表 4.1.2 GA10 技 术 要 求

试验项目	单位	技术要求	试验方法
贯入度(60℃)	mm	1.0～4.0	JTG/T 3364-02
贯入度增量(60℃)	mm	≤0.4	
低温弯曲应变(-10℃,50mm/min)	—	$\geqslant 3.0\times 10^{-3}$	T 0715

条文说明:德国对贯入度与贯入度增量均提出了相应技术要求,40℃贯入度为1.0～3.5mm,贯入度增量≤0.4mm;日本只对贯入度提出技术要求,40℃贯入度为1.0～4.0mm,未对贯入度增量提出技术要求。港珠澳大桥结合我国浇筑式沥青混合料多年实践经验,对混合料贯入度及贯入度增量均提出技术要求。日本与德国试验温度均为40℃,由于港珠澳大桥特殊的气候条件,港珠澳大桥管理局将贯入度试验温度提高至60℃。

GA用于中央分隔带、检修道等区域时,贯入度和贯入度增量技术要求可参照表4.1.2执行。

4.2 改性沥青SMA

4.2.1 改性沥青SMA13应按现行《公路沥青路面施工技术规范》(JTG F40)中规定的级配范围,采用马歇尔试验方法进行配合比设计,其性能应满足表4.2.1的要求。

表 4.2.1 改性沥青 SMA13 技术要求

试验项目	单位	技术要求	试验方法
空隙率	%	3～4	T 0705
稳定度	kN	≥8.0	T 0709
矿料间隙率 VMA	%	≥16.5	
粗集料骨架间隙率 VCA_{mix}	%	$\leqslant VCA_{DRC}$	T 0705
沥青饱和度	%	75～85	

表 4.2.1（续）

试验项目	单位	技术要求	试验方法
沥青析漏损失	%	≤0.1	T 0732
沥青混合料飞散损失	%	≤15	T 0733
浸水马歇尔试验残留稳定度	%	≥80	T 0709
冻融劈裂强度比	%	≥85	T 0729
动稳定度（60℃）	次/mm	≥6 000	T 0719
低温弯曲应变（−10℃，50mm/min）	—	≥3.0×10^{-3}	T 0715

条文说明：考虑到港珠澳大桥所处区域极端温度高、高温天气持续时间长，混合料及铺装结构对高温稳定性要求更高，施工单位在项目实施期间，通过配合比优化进一步提高了SMA13的高温稳定性，动稳定度实测值均在8 000次/mm以上。

5 设备

5.1 一般规定

5.1.1 桥面铺装施工应配备车载式抛丸机、手推式抛丸机、环氧树脂防水层碎石撒布设备、沥青混合料间歇式拌和机、浇注式沥青混合料专用摊铺机、运输车、非接触式平衡梁摊铺机、水平振荡压路机等设备及设施。

5.1.2 施工设备的功能及数量应满足施工要求,其性能应符合行业相关环保要求的规定。

5.1.3 应使用自动化和智能化程度高的施工设备。

条文说明:港珠澳大桥在国内首次提出桥面铺装"自动化、机械化、工厂化"的施工理念和"以设备保工艺"的质量管理要求。用于港珠澳大桥混凝土桥面铺装的机械设备在自动化、智能化方面较以往工程均得到了较大的改进和提升,如采用车载式抛丸机替代大部分手推式抛丸机进行桥面抛丸处理、采用环氧树脂防水层碎石撒布设备替代人工撒布方式进行桥面铺装防水层碎石撒布作业等,极大地提升了施工质量和效率。

5.2 抛丸设备

5.2.1 行车道抛丸处理采用的车载式抛丸机应集动力系统、行走系统和自动化控制系统于一体,人行道抛丸处理宜采用手推式抛丸机。

条文说明:混凝土桥面抛丸处理传统采用手推式抛丸机,工作效率较低、施工质量波动较大,无法满足大规模桥面铺装施工质量和工效要求。车载式抛丸机是在手推式抛丸机基础上,集成了自动化控制系统,作业宽度更大、效率更高,实现了自动化、智能化控制,施工质量及效率得到了有效保障。

5.2.2 车载式抛丸机可装钢丸容量不应低于500kg,喷砂作业宽度不应小于1.0m,工作速度宜为0~20m/min,作业效率宜为800~1 000m^2/h。

5.2.3 车载式抛丸机应具备自动除尘功能,并带有自动反吹系统。

5.2.4 手推式抛丸机的作业宽度不应小于0.3m,作业效率不应小于40m^2/h。

5.3 防水层碎石撒布设备

5.3.1 混凝土桥面防水层碎石自动撒布设备应具有自行走、碎石撒布智能控制系统,宜采用间歇式纵向行走、横向撒布方式工作。

5.3.2 设备作业高度宜为0.5m,横向单次移动作业长度应达到1m,搭接宽度宜为5~15cm。

5.3.3 设备横向撒布移动速度应为0~30m/min,作业宽度应为3~15m,作业效率宜为100~300m^2/h。

条文说明:混凝土桥面防水层碎石自动撒布设备用于环氧树脂表面的碎石撒布,可适应不同撒布量和碎石粒径,具体工作参数应根据现场实际情况和环氧树脂涂布工作效率匹配选用。

5.4 集料加工设备

5.4.1 集料生产线、原材料及成品仓库均应设置于密闭厂房内,布局应满足工厂化设计和生产要求。

条文说明：为提高GA级配控制的精度，适应GA对细集料的分档要求，进一步提高集料的颗粒组成均匀性和洁净程度，港珠澳大桥突破国内集料生产线的传统模式，建立了集料生产工厂。

5.4.2 粗、细集料破碎主机宜采用冲击式立轴破碎机，粗集料筛分设备宜采用概率筛，细集料筛分设备宜采用空气筛和多电机振动概率筛，设备型号可根据生产需求确定。

5.4.3 集料无尘化生产应采用全封闭布袋式干式吸尘设备，粉尘宜采用粉罐收集处理。

5.4.4 集料的包装和仓储应采用自动定量称量包装设备和转运平车、天车，包装宜为2t/袋，袋内应采用防潮膜，包装成品集料应配备电子身份标签。

5.4.5 集料生产的主机、出料口、包装区、储存区等关键部位，应安装视频监控。

条文说明：为确保集料的工厂化生产目标，将基岩开采和半成品加工的关口前移，半成品材料应保持稳定和干燥，集料工厂专注于半成品原材料的精加工，以确保工厂的生产不受基岩的岩性限制，可针对不同岩性的材料进行桥面铺装集料的精加工生产。

5.5 沥青混合料拌和生产设备

5.5.1 TLA专用脱桶设备应配置提升机，脱桶效率不应低于5t/h。

条文说明：TLA采用桶装进行储存和运输，生产前需将桶装TLA进行脱桶、融化，拌和场站需配置TLA专用脱桶设备，脱桶设备的配置数量应满足项目施工需要。

5.5.2 沥青混合专用设备宜采用立式罐，宜设置3层水平搅拌叶片，搅拌速率宜为6～8rpm，工作温度范围应为50～200℃，储量不应低于3t。

条文说明：沥青混合设备用于TLA和SBS改性沥青的混合生产，按照设定的比例将融化后的TLA和SBS改性沥青在一定温度下进行充分搅拌并混合均匀，因此搅拌叶片的设置层数应考虑混合罐的容量大小，一般采用3层设计。混合罐的容量应与混合料的生产效率相匹配。

5.5.3 混合沥青专用储罐容量不应低于20t，其下层盘管应设置为弧形，并配置内循环泵，设置卧式搅拌轴，搅拌速率不应小于2rpm。

条文说明：GA用混合沥青由SBS改性沥青和TLA按15：85（质量比）混合而成。TLA的灰分含量为33%～37%，在进行混合沥青生产时，灰分易离析沉淀。因此，港珠澳大桥建设单位组织施工单位对传统的混合设备进行了改进，在项目实施中增加了搅拌轴的长度和搅拌叶片的数量，并通过内循环的方式，有效防止混合沥青的离析，确保混合沥青的质量。

5.5.4 沥青混合料生产应采用间歇式拌和机，产量不应低于60t/h，宜配置不少于2个粉料储罐，单个储罐容量不应低于100t。

条文说明：GA矿粉用量高，一般为20%～30%，对矿粉的需求量较大。因此，沥青拌和机宜配置2个及以上的粉料罐，确保备料充足、生产连续。

5.5.5 拌和机矿粉秤的最大量程不应小于0.5t，集料称量误差为±1%，矿粉和沥青称量误差为±0.5%。

5.5.6 GA生产拌和机宜配置矿粉加热设备，由加热罐和储存罐组成。加热罐的加热效率不应低于5t/h，储存罐的容量不应低于50t。

条文说明：GA拌和温度高，出料温度超过210℃，其中集料加热温度一般为300～350℃。集料较高的加热温度一方面影响了生产效率，另一方面对设备造成了一定程度的热冲击和损伤。为降低集料的加热温度，将矿粉进行预加热，加热温度一般为110～120℃，浇注式沥青混合料达到出料温度时的集料加热温度可降低到260～280℃。

5.6 GA 运输和摊铺设备

5.6.1 GA 专用运输车应具备搅拌和保温功能,最大搅拌速率不应低于6rpm,装载量不应低于10t,温度控制精度应达到±5℃。

<small>条文说明:GA 在摊铺前应保持设计要求的温度,同时不应产生离析,因此在运输过程中需要不断搅拌和保温;同时,为了确保 GA 在运输过程中发生一定程度的老化,需要控制转速在一定范围内。浇注式沥青混合料专用运输车的最大装载量一般在30t以内,可根据项目施工需要,合理选择不同装载量类型的专用运输车,并确保配置数量满足需求。</small>

5.6.2 GA 专用摊铺机宜采用履带式行走轮,配置横向分料器,摊铺宽度应为3.5～11.0m,工作速度宜为0.25～5.0m/min。

5.6.3 GA 用碎石撒布机宜采用四轮驱动,撒布宽度应为3.5～11.0m,工作速度宜为0.25～6.0m/min。

5.7 GA 边带摊铺设备

5.7.1 GA 边带摊铺设备应包含侧向喂料装置和边带摊铺机,边带摊铺机应由行走装置、可加温熨平板和熨平板升降调节装置组成。

<small>条文说明:GA 边带传统摊铺方式一般为人工摊铺,为进一步提高质量均匀性和施工效率,施工单位自主研发了边带摊铺设备,降低了对流动性的要求,有效减少了因人工操作引起的施工偏差。</small>

5.7.2 边带摊铺机应采用四轮驱动,摊铺工作宽度应为0.5～1.0m,工作速度宜为1.0～2.5m/min。

5.7.3 喂料装置宜刚性连接浇注式沥青混合料专用运输车,速度及供料量应与边带摊铺速度相匹配。

5.8 SMA 摊铺与碾压设备

5.8.1 SMA 摊铺用非接触式平衡梁摊铺机应带自动找平功能,单机摊铺宽度宜为6.0～11.0m,工作速度宜为1.5～4.0m/min。

5.8.2 SMA 碾压用双钢轮水平振荡压路机不应小于11t,水平振荡的低频、高频频率依次应达到35Hz、43Hz,最大激振应力不应小于190kN。

<small>条文说明:水平振荡压路机的压实功水平横向发散,直接作用于混合料内部,压实效果优于垂直振动压路机。此外,可有效减小振动碾压时对桥梁结构的不利影响。因此,混凝土桥面铺装 SMA 的压实(复压)应采用水平振荡压路机进行碾压。</small>

6 桥面铺装施工

6.1 一般规定

6.1.1 施工前应建立健全 HSE 管理体系,制定环境保护、节能减排和安全文明施工的实施方案。

6.1.2 混凝土桥面铺装施工安排应避开雨季,施工环境条件应满足设计与施工要求。

6.1.3 混凝土桥面抛丸处理、防腐层、防水层及黏结层施工环境温度不应低于 10℃,空气相对湿度不应高于 85%,混凝土板表面温度应高于空气露点 3℃以上。

6.1.4 施工现场宜设置移动气象站,应实时采集天气状况,指导施工组织计划。

条文说明:对于外海的大规模桥面铺装工程,气候条件复杂多变,应更加关注气象条件,并与当地气象部门建立联系,在桥位区建立移动气象站,及时准确地获取短期气象条件信息,指导现场施工。

防水层及黏结层施工前和施工过程中,应通过移动气象站随时监测和掌握施工区域的环境气候条件,满足要求方可施工。当环境条件发生变化且不满足设计施工要求时,应停止施工。

6.1.5 施工前应对机械设备、测量器具、检测仪器等进行全面的检查、调试、校核、标定、保养,施工过程中应对各种设备、仪器进行定期检查和校验;主要设备和仪器的易损零部件应有适量储备。

6.1.6 各工序施工时应保持基面清洁、干燥,宜全桥封闭,避免与可能污染铺装界面的其他工序交叉施工;对已施工完毕的区域应进行保护,不应污染和破坏。

6.1.7 纵向施工缝不应设置在轮迹带位置,磨耗层与保护层的纵向施工缝间距不应小于 30cm,磨耗层与保护层的横向施工缝间距不应小于 100cm。

6.1.8 施工前应对桥面附属设施进行必要的保护,防止污染。

6.1.9 施工前应制定安全生产管理制度和突发事件应急预案,施工人员应得到必要的劳动保护,沥青拌和站和施工现场应按相关规定设置消防设施,防水黏结层和黏结层施工时应严禁烟火。

6.2 施工准备

6.2.1 施工单位应根据合同文件和设计文件编制详细的施工组织设计,分析项目的关键控制点及风险点,应制订相应的解决方案和应急预案,并进行技术交底工作。

6.2.2 施工单位应依据工程规模、项目特点等要求建立项目部和工地实验室,并符合行业相关规定和要求。

6.2.3 应结合项目特点、规模、工期等要求合理布置拌和生产场站,满足"三通一平"的要求,符合工地标准化建设的规定。

6.2.4 应建立材料及设备的封闭式仓库,料仓的容量应满足最大单批次连续施工要求以及运输车、装载机等作业要求。

条文说明:连续施工作业对于保障混凝土桥面铺装施工质量至关重要,集料的储备量是最为重要的环节。港珠澳大桥混凝土桥面铺装规模大,集料需求量多,需要将整体铺装工程按桥梁结构特点划分为多个施工单元。施工单元可以是一联(多跨)桥面或者单体桥梁的半幅桥面。最大单批次指的是以最大施工单元所需的集料作为一个批次,以此为单位进行集料的储备管理。

6.2.5 施工前应充分调查材料的来源,应对潜在供应商及其材料质量、产能、运输方式、供货能力等进行充分调研和评估。集料、矿粉等地材应采取准入制方式确定主选供应商和备选供应商。

条文说明:准入制是港珠澳大桥管理局为保证混凝土桥面铺装沥青混合料的原材料品种、规格和技术性能符合设计和国家相关规范的有关规定,进一步强化对原材料生产过程的监督和管理而实施的一种原材料管理措施。港珠澳大桥管理局制定了沥青混合料材料准入管理办法,针对集料、矿粉等地材提出了准入管理要求。本项目集料用量大、质量要求高,采用了工厂化生产。项目准备期,建设单位联合总监办、试验检测中心等单位,组织对承包人拟选的集料供应商进行了现场考察和准入考核。对工厂化生产基地的建设情况、生产设备配置、生产工艺流程、材料质量、生产能力、质量控制体系、安全环保体系、仓储和运输条件以及生产工艺改进等进行综合评估。同时进行了首批次材料的生产、检测和评价,召开了准入评审会,最终确定了集料主选供应商。

6.2.6 施工前界面交接应仔细检查混凝土桥面情况,确保混凝土基面缺陷已处理。

6.2.7 施工前应检查混凝土面板的大面平整度和局部突变,对于大面平整度检查不合格的区域,应采取如局部精铣刨、小范围调坡设计等技术措施进行处理。

条文说明:为确保混凝土桥面保护层 GA10 厚度的均匀性,引入大面平整度检查方法。该检查方法为采用 30m 长绳绷紧、紧贴基面后检查,高于基面 10mm 或低于基面 15mm 的区域为不合格区域。相对于基面-15~10mm 的区域,由于 GA10 具有自流平特性,局部可自流平,但自流平后厚度不应低于 25mm。

6.2.8 施工前应采用三米直尺检查混凝土桥湿接缝区域的平整度,对于平整度检查不合格的区域,可采用手推式铣刨机进行局部处理。

6.2.9 施工前应检查混凝土面板的高程和横坡,对于局部高程和横坡不合格的区域,应采取技术措施保证保护层厚度满足设计要求。

6.3 试验段

6.3.1 试验段工序应包括抛丸处理、防水层及黏结层涂装、沥青混合料生产与摊铺碾压等工序。

6.3.2 试验段可选择在非实桥混凝土路面上实施。

6.3.3 桥面抛丸处理、防水层、黏结层试验段面积均不宜小于 200m²,沥青混合料铺装试验段长度不宜小于 200m,且面积不宜小于 3 000m²。

6.3.4 抛丸处理试验段应达到以下目的:

1 确定抛丸机的数量和组合方式。

2 确定满足清洁度和粗糙度要求的抛丸机行走速度、工作压力等工艺参数。

6.3.5 防水层试验段应达到以下目的:确定满足用量以及与基面黏结强度要求的施工工艺和机具组合方式等。

6.3.6 沥青混合料铺装试验段应达到以下目的:

1 检验各种施工机械的类型、数量及组合方式。

2 验证及优化混合料生产配合比,提出生产用的配合比及最佳沥青用量。

3 通过试拌,检验和确定各类混合料拌和机的上料速度、拌和时间、拌和温度等生产工艺参数。

4 通过试铺检验和确定摊铺、碾压工艺。

6.3.7 试验段应由有关各方共同参与完成,施工结束后,施工单位应提交完整的施工、检测报告,取得监理单位和建设单位的批复。

6.4 首次铺装段

6.4.1 首次铺装段工序应包括抛丸处理、防水层及黏结层涂装、沥青混合料生产与摊铺碾压等。

条文说明:港珠澳大桥混凝土桥面铺装采用了试验段及首次铺装段的质量管理模式。对于类似港珠澳大桥的建设工程或超过5万 m^2 的桥面铺装工程,应结合现场条件和工期要求建立首次铺装段管理制度并实施首次铺装段。

6.4.2 首次铺装段应达到以下目的:
1 进一步验证各工序的工艺参数。
2 检验工序衔接和施工组织的合理性。
3 检验质量管理体系和HSE管理体系的有效性。

6.4.3 首次铺装段应由有关各方共同参与完成,施工结束后应及时进行总结评估,完善标准化施工作业指导书。

6.5 桥面板抛丸处理

6.5.1 抛丸处理前应清除混凝土表面的污染物,混凝土表面应干燥、清洁、无浮浆。

6.5.2 行车道应采用车载式抛丸机进行抛丸处理,无法机械施工的区域可采用人工打磨等工艺进行处理。

6.5.3 混凝土桥面板抛丸处理施工期间,应随时检测作业区的大气温度、湿度及混凝土桥面板表面温度,并符合本指南第6.1.3条的有关规定。

6.5.4 抛丸处理后应立即检查混凝土面板的清洁度和粗糙度,清洁度应达到干燥、无尘、无污染物,采用ICRI标准检测板比对法检测粗糙度,应为CSP3~CSP5级,或采用构造深度铺砂法检测粗糙度,应为0.4~0.8mm。

6.5.5 抛丸处理后应再次检查混凝土桥面板情况,应对裂缝、坑洞等缺陷进行及时处理。

6.6 防水层施工

6.6.1 环氧树脂使用前应采用电动搅拌器将主剂和固化剂按比例混合,并搅拌均匀。

6.6.2 环氧树脂混合后应在要求的容留时间内完成涂布,超过容留时间的应予以废弃;环氧树脂的混合温度宜控制在20℃±5℃,洒布温度不应低于5℃。

6.6.3 防水层作业前应检查混凝土面板含水率,可采用含水率测试仪进行含水率测定,不应大于20%。

6.6.4 环氧树脂可采用人工刮涂、辊涂等施工方法,施工时应采用方格法控制用量,用量宜为0.6~0.8kg/m^2。

6.6.5 环氧树脂施工过程中应及时检查漏涂、气泡、针眼等缺陷,并对缺陷进行修补。

6.6.6 环氧树脂未固化前应撒布碎石，碎石宜采用机械撒布；碎石粒径规格宜为 0.6~2.36mm，覆盖率宜控制在 90% 左右；待环氧树脂固化后，应清除多余未黏结的碎石。

6.6.7 环氧树脂防水层养生时间应满足材料要求的养生时间。

条文说明：环氧树脂种类繁多，养护时间差异较大，详细工艺需参考材料供应商提供的产品使用说明。港珠澳大桥混凝土桥面防水层用环氧树脂材料养护时间控制在不少于 24h。

6.7 黏结层施工

6.7.1 溶剂型黏结剂宜采用"十字交叉"辊涂法涂布2遍，每遍用量宜为 100~200g/m²，第一遍实干后方可涂布第二遍。

6.7.2 对已施工完毕的区域应进行保护，限制车辆通行，不应有油脂、杂物等污染。

条文说明：环氧树脂固化后方可涂布溶剂型黏结剂，第一遍溶剂型黏结剂实干后，清理表面杂质，方可辊涂第二遍溶剂型黏结剂。溶剂型黏结剂施工完成后，养护时间宜大于 8h。

6.8 保护层施工

6.8.1 保护层 GA 用混合沥青由改性沥青和 TLA 组成，应按照设计比例将其混合均匀，其中改性沥青加热温度宜为 140~150℃，TLA 加热温度宜为 180~190℃，混合沥青加热温度应为 170~180℃，混合时间不应低于 20min。

6.8.2 GA 拌和生产应符合以下规定：

1 应采用间歇式拌和机拌制，宜配置矿粉加热设备。

2 矿粉加热温度宜为 110~120℃，集料加热温度宜为 260~280℃，拌和后出料温度应为 220~240℃，最高不应超过 250℃。

3 加入集料、矿粉后的干拌时间宜为 10~20s，加入沥青结合料后拌和时间宜为 60~90s，拌和后的混合料应均匀无离析，具有一定的流动性。

6.8.3 GA 运输应符合以下规定：

1 应采用浇注式沥青混合料专用运输车进行保温、搅拌和运输。

2 装料前浇注式沥青混合料专用运输车应提前预热至 110~130℃，待装入 GA 后温度逐渐升温至 220~240℃。

3 GA 拌和后放入浇注式沥青混合料专用运输车中搅拌 60min 方可进行摊铺，摊铺用 GA 的性能应满足本指南要求。

4 GA 施工窗口期为 1~6h。GA 拌和后如遇下雨等无法在 1~4h 内完成摊铺施工，可通过降低浇注式沥青混合料专用运输车的拌和温度和搅拌转速来延长拌和时间。施工前应通过试验确定拌和温度和搅拌转速降低后的参数，且延长拌和后的 GA 性能应满足本指南要求。

5 当现场拌和温度或时间已超过本指南技术要求时，可采用现场添加沥青再生剂等措施进行处置。施工前应通过试验确定超过施工窗口期的抗老化预防措施，且处置后的 GA 性能应满足本指南要求。

6 浇注式沥青混合料专用运输车进入施工区域前应将底盘及轮胎清扫干净，保持干燥、不漏油，且不应在已施工的黏结层区域内掉头、紧急制动,行驶速度不应大于10km/h。

7 浇注式沥青混合料专用运输车的数量应根据运距及拌和机的拌和能力确定,应保持施工现场与拌和机之间的有效联系和施工连续性。

6.8.4 GA摊铺应符合以下规定：

1 行车道GA应采用专用摊铺机械摊铺,边带可采用边带摊铺机或人工方式摊铺。

条文说明：GA边带是行车道摊铺时预留摊铺机轨道行走的区域,一般位于行车道两侧,宽度为50～90cm,由于宽度较窄,无法采用大型机械设备进行施工,只能采用小型机具或人工摊铺。该区域不受行车荷载作用,摊铺过程中应确保与路缘石的有效衔接,防止该区域渗水；同时,在雨水井周围应人工仔细铺平压实,确保衔接平顺,保证排水畅通。

2 行车道GA宜采用等厚摊铺方式分幅摊铺,摊铺前应采用与设计摊铺厚度等高的钢制模板或木模板作为侧向模板,沿摊铺方向按照规定的摊铺宽度进行布置,可采用金属连接器或其他措施对侧向模板进行固定。

3 摊铺施工前,应逐车检查混合料的温度、流动性,满足要求后方可进行摊铺施工。

4 摊铺施工前应提前将摊铺机熨平板预热至110℃以上,应根据拌和生产能力、运距等因素综合设置摊铺速度,宜控制在1.5～3.0m/min,应保持缓慢、均匀、连续不间断的摊铺。

5 摊铺中应随时观察表面状态,如出现气泡、鼓包等缺陷时,应立即用钢针进行排气处理,并采用木抹将气泡区域压实。

6 两幅GA铺装层之间的接缝应设置热熔类沥青贴缝条；施工相邻幅时,应采用木抹将接缝压实抹平,以确保接缝平顺。

条文说明：热熔类沥青贴缝条粘贴在已摊铺浇注式沥青混合料侧立面,用于两幅浇注式沥青铺装层之间的连接,防止水分下渗。一般采用人工方式粘贴,施工过程中应使贴缝条平行粘贴于浇注式沥青混合料侧立面,并使用木槌锤击贴缝条,确保粘贴牢靠。

6.8.5 预裹沥青碎石撒布应符合以下规定：

1 应采用摊铺机自带的碎石撒布设备或自行式碎石撒布机进行预裹沥青碎石撒布。

2 预裹沥青碎石撒布量应根据现场试验确定。

3 预裹沥青碎石撒布后,宜采用2～3t小型压路机碾压,形成平整、均匀的表面,碾压时铺装表面温度宜控制在110～135℃。

4 待碾压完毕,应清除松动或未嵌入稳固的预裹沥青碎石。

条文说明：GA表面撒布一定规格的碎石,可以改善其高温稳定性和界面抗剪能力,覆盖率宜为75%～85%。港珠澳大桥预裹沥青碎石的规格为10～15mm,撒布量为7～11kg/m²。

碎石的撒布量与其规格和密度有一定相关性,可以根据实际情况,对其撒布量范围进行调整。

6.9 黏层施工

6.9.1 宜采用专用乳化沥青洒布车进行黏层洒布施工,洒布量宜为0.3～0.5kg/m²,并通过试验段确定洒布工艺,确保洒布均匀、无漏洒现象。

6.9.2 改性乳化沥青破乳、水分完全蒸发后宜及时铺筑沥青混合料。

6.10 磨耗层施工

6.10.1 磨耗层 SMA 拌和生产应符合以下规定：

1 集料加热温度宜控制在 200～240℃，改性沥青加热温度宜为 160～170℃，拌和后混合料出料温度应控制在 170～185℃，不应超过 190℃，否则废弃至指定位置。

2 加入集料、矿粉、纤维后的干拌时间宜控制在 10～15s，加入改性沥青后湿拌时间宜控制在 40～60s，拌和后的 SMA 应均匀、无花白料、离析现象。

6.10.2 SMA 混合料的运输应符合以下规定：

1 运输车应采用自卸式货车，配置数量应满足前后场连续生产、摊铺的需要。

2 运输车装料时应采取"前、后、中"的方式，防止出现温度离析和级配离析现象。

3 应在运输车侧面中部设置温度检查专用孔，孔口离车厢底面约 30cm，施工过程中随时检测混合料温度。

6.10.3 SMA 混合料摊铺、碾压应符合以下规定：

1 SMA 宜采用两台摊铺机梯队摊铺作业，采用非接触式平衡梁装置控制摊铺厚度，摊铺速度应根据拌和生产能力、运距等综合确定，宜为 1～2m/min，最高不应超过 3m/min。

2 两台摊铺机前后距离不应超过 10m，纵向接缝应搭接 5～10cm。

3 SMA 碾压应分为初压、复压和终压，碾压应遵循紧跟、慢压、高频、低幅的原则。压路机工作长度宜为 20～30m，与摊铺机的距离不应大于 15m，相邻碾压带应重叠 1/3～1/2 的碾压轮宽度。

4 初压应采用双钢轮压路机静压，碾压速度宜控制在 2～3km/h，碾压温度不应低于 150℃；复压应采用双钢轮水平振荡压路机振荡碾压，碾压速度宜控制在 2～4km/h，碾压温度不应低于 130℃；终压应采用双钢轮压路机静压，碾压速度宜控制在 3～5km/h，碾压温度不应低于 110℃。具体碾压工艺应根据项目实际情况，按照试验段和首次铺装段确定的工艺执行。

5 桥面边缘、伸缩缝等区域宜采用小型压路机或振动夯锤压实，小型压路机重量宜为 2～3t，碾压速度宜为 2～3km/h。

6.11 路缘防排水处理

6.11.1 保护层与边缘构造物接触部位应设置沥青贴缝条，磨耗层与路缘接触的部位应采用木模或钢模的方式设置 2cm 宽的预留槽，预留槽中从下至上依次设置螺旋排水管、碎石填充料、填缝料。

6.11.2 螺旋排水管沿桥梁纵向布置，并引至泄水槽，施工过程中应注意螺旋排水管的顺直度、高度、埋置深度等；填缝料的高度应略高于铺装层的高度。

6.11.3 施工过程中应采用彩条布或帆布覆盖住已施工完成的伸缩缝、路缘石及路面，防止二次污染其他结构物。

条文说明：考虑到桥面铺装混合料与混凝土桥面板之间膨胀伸缩系数存在明显差异，铺装层与路缘石结合部位可能会发生脱离，雨水下渗易影响铺装质量和耐久性。同时，为了给铺装结构中可能存在的层间水提供排出通道，港珠澳大桥设置了如图 6.11.3 所示的防水及排水方案。

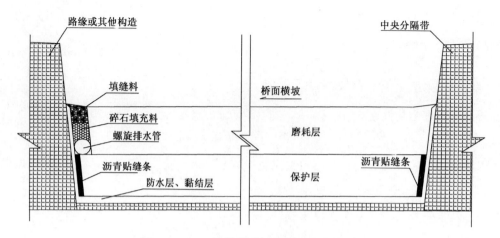

图 6.11.3 边缘排水处理结构示意图

7 施工质量控制

7.1 一般规定

7.1.1 施工前应建立健全有效的质量管理体系与质量保证体系。

7.1.2 混凝土桥面铺装施工质量管理应遵循"以准入保材料、以考核保人员、以设备保工艺、以工艺保质量"的原则。

条文说明：港珠澳大桥混凝土桥面铺装工程充分借鉴港澳地区及国外先进的项目管理经验，按照"以准入保材料、以考核保人员、以设备保工艺、以工艺保质量"的项目质量管理理念，切实提高桥面铺装管理水平，确保铺装质量稳定性和使用耐用性。

以准入保材料：对于特立尼达湖沥青、改性沥青、防水层材料、黏结层材料等工业材料，应具有生产许可证，宜获ISO质量体系认证，由政府主管部门或行业协会或国际认证机构作为准入/许可主体进行审核认证；对于集料等非工业材料，由港珠澳大桥管理局作为准入审核主体，该类材料通过准入审核后方可确定材料生产厂家，同时加强了过程检查、考核。

以考核保人员：采取"施工组织设计总控、分阶段动态审核评估"的方式，分别在合同谈判期间以及承包人进场前后，分层级、分阶段、分方法地对承包人投入的施工管理人员、技术人员及操作工人进行审查及"全员考核"，合格后方可上岗。

以设备保工艺：根据本项目特点，尽可能采用自动机械化施工设备，以减少手工操作施工，进而确保施工质量稳定，提高工效。同时要求承包人配置带矿粉加热功能的沥青混合料拌和机、足够数量的浇筑式沥青混合料专用运输车和车载式抛丸机、环氧树脂防水层碎石撒布设备等。

以工艺保质量：在施工准备期进行抛丸处理、防水层、黏结层施工，混合料配合比设计、拌和、摊铺等各项工艺试验，并通过试验段和首次铺装段实施，完善、稳定各项工艺，形成"作业指导书"，指导正式施工。

7.1.3 每道工序完工后应进行全面质量检查和检验，合格后方可进入下一道施工工序。

7.1.4 本指南未规定的质量管理事项，应按照现行《公路沥青路面施工技术规范》（JTG F40）、《公路工程质量检验评定标准 第一册 土建工程》（JTG F80/1）等有关规定执行。

7.1.5 施工有关原始记录均应保存完整。

条文说明：原始记录包括但不限于试验检测报告、试验检测记录、施工质检资料、施工日志、施工方案、总结及影像资料等。

7.2 材料质量控制

7.2.1 进场主要材料的供货单位应提供第三方检测报告。

7.2.2 进场材料检测频率应满足表7.2.2的要求。

7.2.3 防水层、黏结层材料和沥青结合料应在试验检查后留样封存2年，防水层和黏结层材料应分别不少于5kg，沥青结合料不应少于15kg。

7.2.4 防水层和黏结层材料应分类、单独储存，确保储存环境阴凉、干燥；仓库应远离办公及生活区域，储存区域应设置安全警示及防火标志，应配备灭火器、消防池及安全报警装置。

7.2.5 集料、TLA等材料宜为全封闭式储存，集料应按不同规格和品种设置仓库，并设置分隔墙。

表 7.2.2 材料进场质量检测要求

材料名称	检测项目		检测频率*	质量要求	试验方法
环氧树脂	黏度(25℃)		1次/批	符合本指南规定	漏斗法
	易挥发性成分				GB/T 16777—2008
	表干时间(23℃)、实干时间(23℃)				
	拉伸强度、断裂延伸率(23℃)				GB/T 528—2009
	热负荷试验	外观特征			目测
		质量损失			GB/T 16777—2008
		拉伸强度(25℃)、断裂延伸率(25℃)			GB/T 528—2009
溶剂型黏结剂	固体含量		1次/批	符合本指南规定	GB/T 16777—2008
	表干时间(23℃)				
	实干时间(23℃)				
改性沥青	针入度(25℃)、软化点(环球法)、延度(5℃)、弹性恢复率(25℃)、TFOT(或RTFOT)后残留物(质量变化、针入度比、5℃延度)、存储稳定性(48h软化点差)		1次/批(车)	符合本指南规定	JTG E52
改性乳化沥青	1.18mm筛余量、蒸发残留含量、蒸发残留物(针入度、延度、软化点)		1次/批(车)	符合本指南规定	JTG E20
TLA	针入度(25℃)、软化点(环球法)、灰分、密度(25℃)		1次/100t	符合本指南规定	JTG E52
粗集料	洛杉矶磨耗值、颗粒分析、针片状颗粒含量、<0.075mm颗粒含量、压碎值、磨光值(SMA)、坚固性、黏附性、软石含量、表现相对密度、吸水率		磨耗层：1次/2 000t；保护层：1次/500t	符合本指南规定	JTG E42
细集料	颗粒分析、砂当量、棱角性(流动时间)、表观相对密度、亚甲蓝值、坚固性(≥0.3mm部分)		1次/2 000t	符合本指南规定	JTG E42
矿粉	颗粒分析、含水率、密度、外观		1次/50t	符合本指南规定	JTG E42

注：* 进场材料应在施工前以"批"为单位进行检测，对于各种矿料均以同一料源、同一次购入并运至生产现场的相同规格材料为一"批"，对于防水层和黏结层材料均以同一来源、同一次购入的同一规格材料为一"批"；对于沥青结合料是以同一来源、同一次储入同一沥青罐的同一规格的材料为一"批"。

7.2.6 施工前各种材料试验结果及据此进行的目标配合比和生产配合比设计结果，应在规定的期限内向监理及建设单位提出正式报告，认可后方可使用。

7.3 施工质量控制

7.3.1 抛丸处理、防水层、黏结层和黏层检测频率及结果应满足表 7.3.1 的要求。

表 7.3.1 混凝土桥面抛丸处理、防水层、黏结层和黏层施工质量检测要求

类型及组成	检查项目		检查频率	质量要求	试验方法
抛丸处理	清洁度		3 点/500m²	干燥、无尘、无任何污染物	目视
	粗糙度			CSP3~CSP5 或 0.4~0.8	ICRI 标准检测板对比检查或 T 0961
环氧树脂	用量(kg/m²)		1 次/施工段	0.60~0.80	T 0982
	黏结强度(与水泥混凝土)(25℃,MPa)		必要时	≥3.0	JTG/T 3364-02
0.6~2.36mm 碎石	用量(kg/m²)		1 次/施工段	0.50~0.70	T 0982
	均匀性		随时	无漏撒	目视
溶剂型黏结剂	用量(kg/m²)		1 次/施工段	0.20~0.40	T 0982
	黏结强度(与基面)(25℃,MPa)		必要时	≥1.5	GB/T 16777—2008
	黏结强度(组合结构)(25℃,MPa)		必要时	≥1.2	JC/T 975—2005
	均匀性		随时	无漏涂	目视
黏层	洒布宽度(m)		4 处/200m	不小于设计宽度	卷尺
	洒布量(kg/m²)	单点	6 次/施工段	0.3~0.5	T 0982
		平均用量	1 次/施工段		

7.3.2 沥青、集料、矿粉及混合料的质量检测频率与结果应满足表 7.3.2 的要求。

表 7.3.2 沥青、集料及混合料施工质量检测要求

项目	检测项目	检查频率	质量要求	试验方法
GA 用混合沥青	针入度(25℃,0.1mm)	1 次/施工日	10~30	T 0604
	软化点(℃)		≥85	T 0606
	延度(5℃,cm)		≥20	T 0605
SMA 用改性沥青	针入度(25℃,0.1mm)	1 次/施工日	40~60	T 0604
	软化点(℃)		≥85	T 0606
	延度(5℃,cm)		≥25	T 0605
集料	颗粒组成(筛分)	1 次/施工日	符合本指南规定	T 0302
	含水率			T 0305

表 7.3.2（续）

项目	检测项目		检查频率	质量要求	试验方法
保护层 GA[1]	级配（通过率）(%)	厂拌取样 9.5mm、4.75mm 2.36mm 0.075mm	2 次/施工日	±7 ±6 ±2	T 0725
	油石比（%）			±0.3	T 0722、T 0721
	贯入度（60℃,mm）	现场取样		1.0～4.0	JTG/T 3364-02
	贯入度增量（60℃,mm）	现场取样		≤0.4	
	动稳定度（次/mm）	现场取样		400～800	T 0719
	刘埃尔（s）	施工现场		—	JTG/T 3364-02
磨耗层改性沥青 SMA[2]	级配（通过率）(%)	厂拌取样 ≥4.75mm ≤2.36mm 0.075mm	2 次/施工日	±5 ±3 ±2	T 0725
	油石比（%）	厂拌取样		±0.3	T 0722、T 0721
	空隙率（%）	厂拌取样		±1.0	T 0705
	马歇尔稳定度（kN）	厂拌取样		≥8.0	T 0709
	饱和度（%）	厂拌取样		75～85	T 0705
	动稳定度（次/mm）	厂拌取样	必要时	≥6 000	T 0719

注：1. GA 试验段实施时，刘埃尔指标检测频率不应低于 3 次/施工日。
2. 改性沥青 SMA 试验段及首次铺装段实施时，各项性能指标检测频率不应低于 3 次/施工日。

7.3.3 桥面铺装层施工质量检测频率与结果应满足表 7.3.3 的要求。

表 7.3.3 沥青铺装结构层施工质量检测要求

检查项目		检查频率	质量要求或允许偏差	试验方法
外观		随时	表面平整密实，不应有明显的轮迹、裂缝、油包等缺陷，且无明显离析	目测
接缝		随时	平整、顺直、无跳车	目测
		逐条缝检测	≤3mm	T 0931
施工温度	摊铺温度	逐车检测	符合本指南规定	T 0981
	碾压温度	随时	符合本指南规定	红外测温仪
压实度	SMA	3 处/100m	马歇尔密度的 98% 或最大相对密度的 94%	JTG/T 3364-02
厚度	磨耗层	每施工段	±3mm	施工时采用随时插入法量取混合料松铺厚度，每日用混合料数量及实铺面积计算平均厚度
	保护层	每施工段	-3～+5mm	

表 7.3.3（续）

检 查 项 目		检查频率	质量要求或允许偏差	试 验 方 法
平整度（标准差）	磨耗层	连续测定	≤1.2mm	T 0932
构造深度	磨耗层	1 处/200m	≥0.8mm	T 0961
路表渗水系数,不大于		3 点/200 m,每点 3 处取平均值	≤50mL/min	T 0971
横坡度		4 断面/200m	±0.3％	T 0911
横向力系数 SFC_{60}		每车道,全路段	≥54	横向力系数检测车

附录 A 改性沥青 SMA 压实度无核密度仪检测方法

A.1 目的与适用范围

A.1.1 本方法适用于检测改性沥青 SMA 的压实度。

A.1.2 所测路面应目视无结露、无明显潮湿；雨后应充分干燥，宜连续晴朗两天后测试，路表水分含量和沥青混合料含水率应接近于 0。

A.1.3 所选测试点路表面应目视无油污、无散粒、无凸起、无松动集料，表面平整，无核密度仪安放后无晃动。

A.1.4 测点禁止选在路拱顶部和接缝部位，测量时间段宜选择在 10:00～18:00 之间。

A.2 仪器设备

A.2.1 无核密度仪：检测深度≥40mm，单点多次测量（即固定同一位置）的电磁密度最大值和最小值之差≤5.0kg/m³。

A.3 方法与步骤

A.3.1 仪器的标定。

1 采用偏差标定法，即标定常数 c 为测点芯样毛体积密度 ρ_{fi} 与该点对应电磁密度 ρ_{ei} 差值的平均值：

$$c = \overline{\sum_{i=1}^{n}(\rho_{fi} - \rho_{ei})}, i = 1, 2 \cdots, n \tag{A.3.1-1}$$

式中：ρ_{fi}——各芯样的毛体积密度，g/cm³；
ρ_{ei}——各芯样对应的电磁密度，g/cm³。

2 首次标定：在 SMA 试验段中选择 10～12 个点位钻芯取样，选 3～5 个测点不予钻取，并重点保护；在室内测量芯样毛体积密度，计算首次标定常数 c。

3 二次标定：在正式检测开始时，测量首次标定中留存点（3～5 个）的电磁密度，再计算现场标定常数 Δc，即留存点与首次测量对应点的电磁密度差值的平均值。

4 综合标定常数计算：综合标定常数 c_z 的计算公式如下：

$$c_z = c + \Delta c \tag{A.3.1-2}$$

式中：c_z——综合标定常数，无量纲；
c——首次标定常数，无量纲；
Δc——现场标定常数，无量纲。

5 路面温度与标定温度之差超过 30℃时应重新标定或更换修正系数；当 SMA 材料种类发生改变，或配合比中 4.75mm 通过率波动超过 3% 时，应重新标定。

A.3.2 单元划分和测点布设。

1 检测评定单元划分:宜以单幅、1km 长的铺装区域为一个检测评定单元。

2 二级评定单元划分:将每个检测评定单元等分成若干个二级评定单元,每个二级评定单元宜为 500m² 左右。

3 测点布设方法:在每个二级评定单元内,均匀选择 15 个及以上的测点。

A.3.3 准备工作。

1 SMA 摊铺完成 12h 后,按照本指南第 A.1.2 条选择标定环境。

2 按照本指南第 A.1.3 条选择点位,并做好标记。

A.3.4 测试步骤。以测点为中心,每次测量后将无核密度仪原地旋转 30°进行下次测量,即每个点应测量 12 次,取测量结果的平均值为单点测量值,同时记录测试点点位(桩号)、路面温度和时间。

A.4 试验数据处理

A.4.1 二级评定单元压实度计算:按照式(A.4.1)计算二级评定单元内各测点压实度 k_0,然后计算二级评定单元内所有测点压实度的平均值,并按照现行《公路沥青路面施工技术规范》(JTG F40)附录 E 中的方法计算二级单元内所有测点的压实度变异系数。

$$k = \frac{D}{D_0} = \frac{\rho_{gi} + c_z}{D_0} \tag{A.4.1}$$

式中:k——单个测点的压实度;

D——测点无核密度,g/cm³;

D_0——试验室标准密度或最大理论密度,g/cm³;

ρ_{gi}——电磁密度,g/cm³;

c_z——测点对应的综合标定常数。

A.4.2 检测评定单元压实度计算:对一个检验评定单元压实度的代表值 K,采用下式计算:

$$K = \bar{k} - S \cdot \frac{t_a}{\sqrt{n}} \tag{A.4.2}$$

式中:K——检测评定单元压实度;

$\bar{k}$——检测评定单元内各二级评定单元压实度的平均值;

S——检测评定单元内各二级评定单元压实度平均值的标准差;

$\frac{t_a}{\sqrt{n}}$——随测点数和保证率(取 95%)而变的系数,取值见表 A.4.2;

n——一个检测评定单元内二级评定单元数量。

A.4.3 检测评定单元压实度评定见表 A.4.3。

表 A.4.2 $t_a/\sqrt{n}$ 的值

测点数量	$\frac{t_a}{\sqrt{n}}$取值	测点数量	$\frac{t_a}{\sqrt{n}}$取值	测点数量	$\frac{t_a}{\sqrt{n}}$取值
2	4.465	15	0.455	28	0.322
3	1.686	16	0.438	29	0.316
4	1.177	17	0.423	30	0.310
5	0.953	18	0.410	40	0.266
6	0.823	19	0.398	50	0.237
7	0.734	20	0.387	60	0.216
8	0.670	21	0.376	70	0.199
9	0.620	22	0.367	80	0.186
10	0.580	23	0.358	90	0.175
11	0.546	24	0.350	100	0.166
12	0.518	25	0.342	>100	$1.6449/\sqrt{n}$
13	0.494	26	0.335	—	—
14	0.473	27	0.328	—	—

表 A.4.3 SMA 压实度评定标准

判定条件	合格率判定方法
当 $K \geq K_0$ 时	全部二级单元的压实度均≥K_0−1%、二级单元内的测点压实度变异系数均≤0.012,评定段合格率为100%
	按二级单元的压实度≥K_0且二级单元内的测点压实度变异系数均≤0.010的单元数量计算合格率
当 $K \leq K_0$ 时	评定段为不合格

A.5 检测报告

A.5.1 测定路面压实度的同时,应记录点位(桩号)、温度、时间、材料类型、路面的结构层厚度及测试深度等数据和信息。

A.5.2 在报告上应附所有点的测试结果,注明二级评定单元的合格率和检测评定单元压实度评定结果。

用 词 说 明

1 本指南执行严格程度的用词,采用下列写法:
1) 表示严格,在正常情况下均应这样做的用词,正面词采用"应",反面词采用"不应"或"不得"。
2) 表示允许稍有选择,在条件许可时首先应这样做的用词,正面词采用"宜",反面词采用"不宜"。
3) 表示有选择,在一定条件下可以这样做的用词,采用"可"。

2 引用标准的用语采用下列写法:
1) 在标准条文及其他规定中,当引用的标准为国家标准或行业标准时,应表述为"应符合《××××××》(××××)的有关规定"。
2) 当引用标准中的其他规定时,应表述为"应符合本指南第×章的有关规定""应符合本指南第×.×节的有关规定""应按本指南第×.×.×条的有关规定执行"。